中国儿童核心素养培养计划

课后半小时
小学生阶段阅读

文化基础 ✕ 自主发展 ✕ 社会参与

科学实践

课后半小时编辑组 ■ 编著

小科学家的
"科学实用手册"

008

北京理工大学出版社
BEIJING INSTITUTE OF TECHNOLOGY PRESS

第 1 天 万能数学 〈数学思维〉
第 2 天 地理世界 〈观察能力 地理基础〉
第 3 天 物理现象 〈观察能力 物理基础〉
第 4 天 神奇生物 〈观察能力 生物基础〉
第 5 天 奇妙化学 〈理解能力 想象能力 化学基础〉

第 6 天 寻找科学 〈观察能力 探究能力〉
第 7 天 科学思维 〈逻辑推理〉
第 ⑧ 天 科学实践 • 探究能力 逻辑推理
第 9 天 科学成果 〈探究能力 批判思维〉
第 10 天 科学态度 〈批判思维〉

文化基础 ◀ **科学基础** **科学精神** **人文底蕴**

核心素养之旅
Journey of Core Literacy

中国学生发展核心素养，指的是学生应具备的、能够适应终身发展和社会发展的必备品格和关键能力。简单来说，它是可以武装你的铠甲、是可以助力你成长的利器。有了它，再多的坎坷你都可以跨过，然后一路登上最高的山巅。怎么样，你准备好开启你的核心素养之旅了吗？

第 11 天 美丽中国 〈传承能力〉
第 12 天 中国历史 〈人文情怀 传承能力〉
第 13 天 中国文化 〈传承能力〉
第 14 天 连接世界 〈人文情怀 国际视野〉
第 15 天 多彩世界 〈国际视野〉

第 16 天 探秘大脑 〈反思能力〉
第 17 天 高效学习 〈自主能力 规划能力〉
学会学习 第 18 天 学会观察 〈观察能力 反思能力〉
第 19 天 学会应用 〈自主能力〉
第 20 天 机器学习 〈信息意识〉

自主发展

第 21 天 认识自己 〈抗挫折能力 自信感〉
健康生活 第 22 天 社会交往 〈社交能力 情商力〉

社会参与 ◀ **责任担当** **实践创新** **总结复习**

第 23 天 国防科技 〈民族自信〉
第 24 天 中国力量 〈民族自信〉
第 25 天 保护地球 〈责任感 反思能力 国际视野〉

第 26 天 生命密码 〈创新实践〉
第 27 天 生物技术 〈创新实践〉
第 28 天 世纪能源 〈创新实践〉
第 29 天 空天梦想 〈创新实践〉
第 30 天 工程思维 〈创新实践〉

第 31 天 概念之书

卷首

做一名
小小科学家

恭喜你，已经读完了本周将近一半的内容！现在你已经明白了，生活中从不缺少科学，只是缺少一双善于发现科学的眼睛；你也大致了解了科学探究不是一件易事，需要具备很多优秀的能力和品质，比如思考、观察、敢于质疑、坚持不懈……现在，是时候开始真实的科学实践了！

别担心，我可不会一上来就让你做大科学家们做的那些精确又繁杂的实验，更何况，科学实践可不仅只有实验！科学实践包含了科学探究过程中的每一个步骤，比如，在决定探究什么之前，你需要先观察，先产生好奇和问题，没有这一步，你就没有想要探究的事物，那么该怎么观察呢？在提出问题之后，你需要去查资料、做实验等，想办法证明自己的答案，或是推翻一个你认为错误的回答，要怎么查资料，又该怎么做实验呢？在做完实验之后，科学探究就结束了吗？这些环节就是科学探究的全过程吗？你还需要做点什么？这些问题，我会在这本书里一一为你解答，并且详细讲述操作步骤，如果说前面两天的内容是探究科学的价值观，那今天你就会掌握真实好用的方法论。

在正式开始之前，我想先提前给你透露下我的计划。

在这本实操性极强的"科学实用手册"中，我将从以下几个方面入手，教你做一名小小科学家。首先，观察笔记会是你面临的第一个挑战，但同时，这也是本书中最简单的科学探究方法。然后，我会系统地教你如何进行调查实验，这是本册书的重中之重，这个方法论非常系统，如果可以真正掌握，你就再也不用发愁那些费事的动手作业了！之后，我会针对实验进行一些介绍，还会讲解一些简单的实验，你大可以动手试试看，这可比你只盯着书本看有意思多了！最后，我会展示一些其他读者的来信，他们的动手能力令我惊喜！

对了，你在真正实操时难免会遇到一些问题，这些问题可能很大，也可能很小，可能很复杂，也可能很简单。所以，为了帮你解决这些问题，将实验顺利推进下去，我会再单独为你总结一套思维方法，是工程师们在用的真实方法哦！

好了，话不多说，希望你能跟着这本书动起手来，体验做一名小小科学家的快乐！

李永舫
中国科学院院士，高分子化学、物理化学专家

我的植物观察笔记

撰文：韩路弯 刘彦朋

1. 瘦果；2. 根系；3. 单朵花；4. 地上植株。

我收藏的科学画

别名：黄花地丁、婆婆丁、华花郎

科：菊科　　　**属**：蒲公英属

分布区域：广泛生于中国中、低海拔地区

花期：4—9月　　**果期**：5—10月

蒲公英

Taraxacum mongolicum
Hand.-Mazz.

蒲公英是利用风来传播种子的。蒲公英花葶上亮黄色的花，其实是由无数朵小花组成的。每朵小花凋谢了以后，都会结出细小而长的果实，每个果实上方还长有白色冠毛，这些冠毛聚集在一起，形成了一个圆滚滚、毛茸茸的小球，这样的外形可以让受风面积变大，只要风一吹，白色冠毛便会带着下方的果实随风飘散到各处。蒲公英果实上伸展开来的白色冠毛，看起来就像一把小白伞，不但可以增加空气浮力，也像一个小型飞行器，载着种子乘风旅行。冠毛能让风把种子带得更远，让蒲公英族群的分布范围更广。

▶ 观察蒲公英的茎

1. 把蒲公英的茎横向切开。

2. 用放大镜观察茎的横切面，会发现蒲公英的茎是空心的。

蒲公英的自卫神器

植物虽然没法像动物那样移动，但为了不被动物吃掉，它们都有灭敌的"武器"。

蒲公英分泌出的一种白色液体是它的体液。这种液体带一点黏性，可以粘在小虫子身上，小虫子会被吓到，恐怕往后都不敢再来偷嘴了。

虽然我还没有试过，但听说蚂蚁被它粘住了之后，想脱身都难。据说这种液体还是苦的，想必昆虫更加不会吃了吧。另外，当液体往外冒的时候，病菌也没了可乘之机。

看完我的观察笔记，你有没有受到一些启发 ？

观察、记录与思考

保持好奇心，观察周围的一切，是探究科学入门的不二法则。但观察也要讲究方法，不仅要选好观察对象，进行有针对性地观察，而且必须多多思考，查阅资料，解答疑惑，还可以运用发散式联想，进行一些延伸资料的补充，更重要的是，观察到的信息一定要及时记录、整理，保留好自己的劳动成果——观察笔记就是个不错的选择。

撰文：韩路弯 刘彦朋

有针对性地观察

雄蕊柱

种子

果实

种皮

花枝及果枝

文学上的延伸思考

茶圣和他的书

古代有个人叫陆羽，他喜欢喝茶，又爱研究茶，被后人尊为茶圣。他还专门写了一本跟茶有关的书——《茶经》。《茶经》是世界上第一部茶叶专著。

别名：茶树、茶叶、元茶

科：山茶科　　　　**属**：山茶属

分布区域：野生种遍见于长江以南各省的山区，现广泛栽培

花期：当年10月至翌年2月　**果期**：6—9月

茶

Camellia sinensis
(L.) O. Ktze.

对观察对象的思考

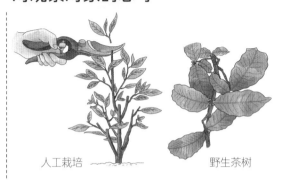

人工栽培　　　　　　野生茶树

关于茶叶的小秘密

茶树分为野生和人工栽培两种，过去的茶树是在自然野生状态下生长的高大乔木，能长到 30 米，树龄可达数百到上千年，那种叶片肥肥的古树普洱茶就是这样的种类。

现在我们喝的茶大部分都是人工栽培的，为了让茶树长得好，要经常修修剪剪，所以很少有超过 2 米高的茶树。茶树的叶片是偏椭圆形的，边缘有锯齿，所以摸起来有点扎手。

生活中的延伸思考

虽然都叫茶，可却不一样

我们平时喝红茶、绿茶、黄茶、白茶等，它们是用茶树叶子经过不同的加工方法制成的。酥油茶不是植物名称，是藏族的特色饮料，是用酥油和茶叶煮制出来的。

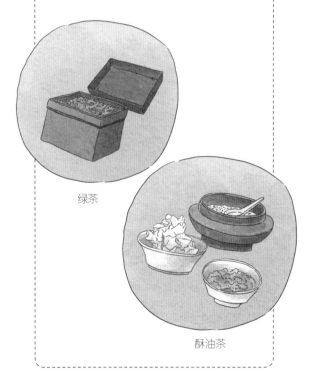

绿茶

酥油茶

提出问题并解答

喝了茶为什么就不困了呢?

有人喝茶是为了解乏，大量喝茶后，连熬夜看书都不会困。茶里有咖啡因，能提神醒脑；有茶多酚，能帮人类抵抗一些有害细菌；还有芳香物质和茶氨酸，能给人类带来愉悦的口感。所以，喝茶会使人神清气爽，精气神越来越足。可茶也不能多喝，喝多了会影响睡眠。

生物调查实验五步法

撰文：硫克
美术：王婉静 等

接下来，由我的两位朋友一起给你介绍一种更加系统的科学探究方法。

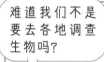

以上就是常见的研究方法和思路了，有什么问题吗？

第一步要观察现象，可是有的现象发生得很快，一下子就闪过去了，我也观察不到什么呀！

还有的现象发生得很偶然，我总不能不吃不喝一直盯着观察对象吧？

不要这么死板啊！除了实时观察，你还可以借助照相机、摄像机、录音机之类的工具来记录，有时候还需要测量。

砰！

录下的视频可以放慢速度播放，摄像机也可以代替你一直记录观察对象的改变，这些根本就不算问题。

身边的
生物调查实验

撰文：硫克
美术：王婉静 等

不要做危险的实验

撰文：硫克

想要探究科学，做实验是绕不开的。对于不同的研究对象，实验设计也会完全不同，有的实验甚至会很危险——千万不要模仿。拿我们日常生活中离不开的电来说吧。

一开始，人们对电知之甚少，也无法判断衣服摩擦产生的电火花与电闪雷鸣时的闪电有什么关系。这时候，著名科学家富兰克林提出了他的猜想：他认为这两种电是一样的。为了证明自己的猜想，富兰克林设计了一个风筝实验：用丝绸手帕做一个风筝，在风筝上面固定一根金属丝，在风筝线的末端系上一根丝绸带子，在风筝线和丝绸带子的接口处绑一把金属钥匙。等到雷雨天气，人躲在屋子里，手拽着丝绸带子，通过门或窗户放风筝。需要注意的是，一定要保持丝绸带子的干燥，以及不要让风筝线碰到门框或窗框，否则很容易触电。实验结果显示，在风筝线被雨打湿后，具有了良好的导电性，会把闪电引下来，聚集在金属钥匙上。这时候如果用手指碰触钥匙，就会冒出电火花，证明钥匙带电了。这个实验十分危险，而富兰克林也因为这个实验名声大噪。

实际上，关于富兰克林到底有没有做过这个实验，其实是有争议的。曾经有电视节目试图还原这个实验，用假人代替真人，结果表明，通过风筝引来的电足以将人电死，所以说，你可千万不要有任何尝试的想法！

在你去设计、实施实验的时候，一定要注意保证自己和他人的安全，科学需要不畏艰险的勇气，但绝对不需要以自身的生命为代价！

> 我被电击了！成功了！

本杰明·富兰克林

性　别：	男
生卒年：	1706—1790
国　籍：	美国
主要成就：	证实闪电的本质是电；发明了避雷针

不要放弃耗时的实验

撰文：硫克

科学界有很多闻名的实验，比如伽利略的"两个铁球"实验、拉瓦锡的燃烧实验、富兰克林的风筝实验……不过其中真假参半，有的甚至是后人杜撰的，而我现在要给你讲两个真实发生过的实验案例：摩尔根的果蝇实验和孟德尔的豌豆杂交实验。摩尔根和孟德尔都是著名的遗传学家，前者发现了染色体机制，提出了遗传学第三定律；后者发现了遗传学分离定律与自由组合定律。他们的成就都与长久的实验密切相关。

格雷戈尔·孟德尔

性　　别：男
生 卒 年：1822—1884
国　　籍：奥地利
主要成就：发现遗传学分离定律与自由组合定律

托马斯·亨特·摩尔根

性　　别：男
生 卒 年：1866—1945
国　　籍：美国
主要成就：发现染色体机制和遗传学第三定律

科学家没有被长时间的实验吓跑，经过长久的坚持，他们都获得了令人惊喜的成果。如果未来的你也遇到了非常耗时的工作或实验，希望你也能像他们一样坚持下去！

1909—1928 年，摩尔根成立了以果蝇为实验材料的研究室，培养了千万只果蝇。主要实验方法就是将具有不同性状的果蝇进行杂交，观察这些果蝇的后代表现出了什么性状，通过严格的杂交配对方案和庞大的果蝇数量，最终确认了染色体在遗传中的重要作用。

孟德尔的实验没有摩尔根的那么久，但也用了八年。一开始，孟德尔只想培育出品种更加优良的豌豆，但在这个过程中，他逐渐把重心转移到了探究遗传规律上，通过把具有不同性状的豌豆互相杂交，发现了重要的遗传学分离定律。

孟德尔的研究 ①

高豌豆的基因是 DD　×　矮豌豆的基因是 dd

高豌豆中的一个 D 单独进入生殖细胞（基因分离）

矮豌豆中的一个 d 单独进入生殖细胞（基因分离）

受精之后，它们融合为 Dd 基因组合，因为高豌豆的基因 D 是显性基因，所以最终生长出来的是高豌豆。

孟德尔的研究 ②

黄色圆粒（包含显性基因黄色和显性基因饱满）

虽然体内拥有隐性基因，但是由于显性基因可以独立决定形状，因此表现为黄色圆粒。

黄色圆粒
绿色圆粒
黄色皱粒
绿色皱粒

绿色皱粒（包含隐性基因绿色和隐性基因褶皱）

继续用拥有隐性基因的黄色圆粒进行繁殖，会得出各种基因自由组合而成的不同结果。

简单实验
也有大用处

撰文：一喵师太
美术：Studio Yufo

对于现在的你来说，实验还是要从简单的开始。不过，可别小瞧了简单的实验，它们不仅趣味十足，堪比魔术，而且在现实中也很有用哦！

奇怪的烛影

准备一个纸杯，用半透明的宣纸封住杯口。用笔在杯底扎一个小孔。点燃一支蜡烛，用小孔对准蜡烛，移动纸杯。
调整距离，让蜡烛影清晰地呈现在宣纸上。这个时候宣纸上的蜡烛影是什么样的？

保持蜡烛和小孔的距离不变，再试试把小孔扩大一点，薄膜上的蜡烛影有什么变化？

魔术大揭秘

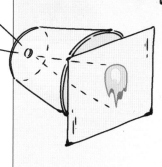

相信你也看到了，当杯底的孔很小时，宣纸上出现了倒立的蜡烛影，这也是光沿直线传播的现象之一。

这个"魔术"其实是中国古代物理史上一个著名的光学实验——小孔成像实验。早在两千多年以前，墨子就做过这个实验了。

在墨子的实验中，一个人透过小孔映在墙上的像是倒立的。《墨经》中解释道："从足部射向下方的光线被挡住了，足部射出的光线只能成像于高处；从头部射向上部的光线也被挡住了，它只能成像于低处。"这就是烛影倒立的秘密。

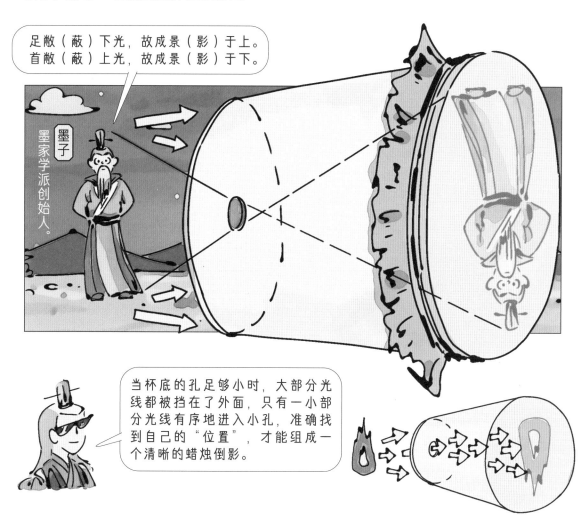

足敝（蔽）下光，故成景（影）于上。
首敝（蔽）上光，故成景（影）于下。

墨子

墨家学派创始人。

当杯底的孔足够小时，大部分光线都被挡在了外面，只有一小部分光线有序地进入小孔，准确找到自己的"位置"，才能组成一个清晰的蜡烛倒影。

但是，当杯底的孔变大以后，通过小孔的光线增多了，光线挤在一起，就不能准确找到自己的"位置"了，所以，宣纸上的蜡烛影就变得模糊了。

这个原理早就被应用在了老式照相机中。

照相机镜头的前面有一个小孔，叫作光圈。
想要让照片亮度更高，就要把光圈调大，让更多的光进来；
想要让照片暗一点，就要把光圈调小，挡住一部分光线。

从力所能及的 实验开始

撰文：一喵师太
美术：Studio Yufo

"眼过千遍不如手过一遍"，现在该你"表演"啦！想要探究科学，做实验是怎么也绕不过去的！我给你准备了几个很适合你的实验，快来试试看吧!

来做实验吧

第一篇

白色的阳光能变出七种颜色，我能不能变出谁都没见过的新颜色呢？

颜色发明家

准备红色、绿色、蓝色、黄色四种水彩颜料，尝试着把它们混合在一起。

怎么所有颜色都是我见过的？为什么不能调出一种新颜色呢？

红色和黄色混在一起,是什么颜色？
蓝色和红色混在一起,是什么颜色？
黄色和蓝色混在一起,是什么颜色？
绿色和黄色混在一起,是什么颜色？

来做实验吧

第二篇

凸透镜是一块神奇的玻璃，你们想不想拥有一块自己的凸透镜呢？

水做的凸透镜

准备一个表面光滑的透明塑料瓶，在里面装满水；
把塑料瓶横置在桌上。
把一张画放到塑料瓶后方，前后左右分别移动一下。

透过塑料瓶观看图像，图像有什么变化？

来做实验吧

第三篇

糟了！我把水洒在了朋友刚画好的画上，这可怎么办呢？有没有办法可以把画吹干？

模糊的蜡笔画

找到一台吹风机，开到热风挡，对准蜡笔画吹风。猜一猜，吹风机能把画吹干吗？这张画会发生什么变化呢？

制作一个陀螺仪

最近收到一堆读者来信，都是在看完我们的内容之后跃跃欲试，想把自己的观察笔记、实验过程分享出来，在"来信海洋"中，我们选出了一篇完成度极高的作品刊登出来，希望能给你一些启发。

撰文：硫克　　美术：孙若琳 等

准备一个架子、三条绳子、一个轮子和一把剪刀。

为了验证"角动量守恒"的原理，我设计、实施了这个实验，因为这个原理被广泛应用于陀螺仪上，所以相当于我亲手制作了一个陀螺仪＊！

用绳子把轮子吊在架子上，注意不要转动轮子。

用剪刀剪断一侧的绳子。

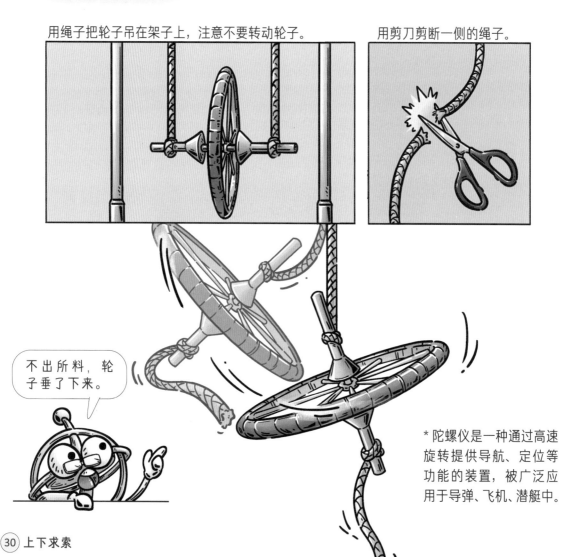

不出所料，轮子垂了下来。

＊陀螺仪是一种通过高速旋转提供导航、定位等功能的装置，被广泛应用于导弹、飞机、潜艇中。

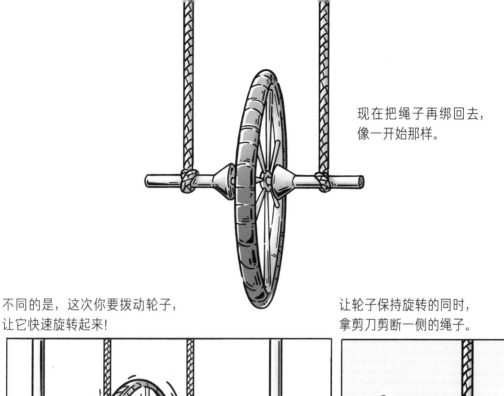

现在把绳子再绑回去，
像一开始那样。

不同的是，这次你要拨动轮子，
让它快速旋转起来！

让轮子保持旋转的同时，
拿剪刀剪断一侧的绳子。

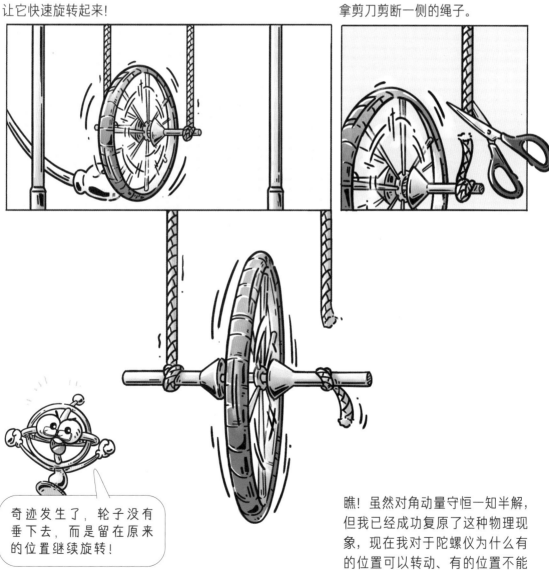

奇迹发生了，轮子没有
垂下去，而是留在原来
的位置继续旋转！

瞧！虽然对角动量守恒一知半解，
但我已经成功复原了这种物理现
象，现在我对于陀螺仪为什么有
的位置可以转动、有的位置不能
转动有了更深入的理解。

青出于蓝

工程师都爱用的
工程学思维

无论是观察、调查，还是做实验，
过程中都难免会遇到一些问题。有些问题可以在
一开始预料到，提前规避或解决，
但有些问题是在过程中才出现的，
面对这些突发问题，你可不要乱了手脚。

张新生

中国铁路工程
总公司教授级
高级工程师

你可以一个人头脑风暴。

也可以把七大姑八大姨都拉来，一起想办法！

很多工程都是群策群力的结果，该找人帮忙就要找人帮忙哦！

工程学思维第二步：

头脑风暴！

工程学思维就是用建造工程的方法去解决各种问题，是工程师们都爱用的思维方式哦！

工程学思维第三步：

选择最佳策略！

用头脑风暴想出来的解决方案一定要及时记录，再将每个方案都和其他方案好好对比一番，列出各自的优缺点。

如果实在选不出方案，也可以尝试选取每个方案的优点，做出一个全新的方案。

这一步其实已经属于实施了，只不过你需要提前考虑全过程，从需要的材料到完整的实施步骤，确定好每一步要做什么。

如果涉及绘画，也要在这时候画出来哦！

选好方案之后就需要开启工程学思维第四步——设计了！

把这些全部搞定之后，就可以开始按照你的设计动手啦！

工程学思维第五步：建造！

如果是一个大工程，可能需要让朋友们一起来测试哦！

测试就是对成果进行检测，看哪里还有不完善的地方，然后有针对性地进行修改。

建造完毕之后，事情还没有结束呢！紧接着就要开始工程学思维第六步——测试了！

分享成果可不是单纯的展示，而是要好好总结在项目进行过程中的经验和教训，并且分享给大家。

这样才能帮助自己和大家以后更顺利地开展其他项目。

最后进入工程学思维第八步——分享成果！

这一步很重要，不能怕麻烦！

工程学思维第七步——修改，也就是根据测试结果调整成果。

掌握了工程学思维，以后遇到任何问题都可以解决啦！

THINKING
头脑风暴

做你自己的
生物调查实验

一口气给你说了这么多种探究科学的办法，你掌握了没有呢？现在就是验证学习成果的时刻！下面是我特意给你准备的"填空题"，你需要在括号中填上对应的"生物调查五步法"的步骤名称，也需要完善这个调查本身，完成属于你自己的生物调查实验。小小科学家，快动起来吧！

遗传物质能决定生物的各种外在表现，比如有的人是双眼皮，有的人是单眼皮。

有的人的舌头是尖尖的尖舌，而有的人的舌头是圆圆的圆舌。

1（   ）

我不确定一个人的舌头形状是不是由遗传决定的……

2（   ）

那就在查阅资料之后做出自己的假设吧！

3（   ）

我假设＿＿＿＿＿＿＿＿＿＿＿＿＿＿＿＿＿＿＿＿＿＿＿＿＿
＿＿＿＿＿＿＿＿＿＿＿＿＿＿＿＿＿＿＿＿＿＿＿＿＿＿＿＿＿＿
＿＿＿＿＿＿＿＿＿＿＿＿＿＿＿＿＿＿＿＿＿＿＿＿＿＿＿＿＿＿
＿＿＿＿＿＿＿＿＿＿＿＿＿＿＿＿＿＿＿＿＿＿＿＿＿＿＿＿。

不如问问你家里其他人的舌头是什么形状的吧!

一定要把每个人的舌头形状记录下来哦!

4 (　　　)

家庭成员	我	爸爸	妈妈	爷爷	奶奶	姥爷	姥姥	直系兄弟	直系姐妹				
尖舌													
圆舌													

5 (　　　)

可以在空白的部分填上其他家庭成员哦!

根据你的调查结果得出结论,舌头形状到底是不是由遗传决定的呢?

名词索引

头脑风暴答案

1. 观察现象
2. 提出问题
3. 做出假设
4. 实验验证（询问调查）
5. 得出结论

致谢

《课后半小时 中国儿童核心素养培养计划》是一套由北京理工大学出版社童书中心课后半小时编辑组编著，全面对标中国学生发展核心素养要求的系列科普丛书，这套丛书的出版离不开内容创作者的支持，感谢米莱知识宇宙的授权。

本册《科学实践 小科学家的"科学实用手册"》内容汇编自以下出版作品：

[1]《中国植物，很高兴认识你：春天，很高兴认识你！》，北京理工大学出版社。

[2]《这就是生物：身边的生物调查实验》，北京理工大学出版社，2022 年出版。

[3]《进阶的巨人》，电子工业出版社，2019 年出版。

[4]《物理江湖：光大侠请赐教！》，北京理工大学出版社，2022 年出版。

[5]《物理江湖：热大侠请赐教！》，北京理工大学出版社，2022 年出版。

[6]《新武器驾到：千里之外——导弹驾到》，电子工业出版社，2022 年出版。

[7]《超级工程驾到：解决问题的关键——超级工程五步法》，北京理工大学出版社，2022 年出版。

图书在版编目（CIP）数据

课后半小时 : 中国儿童核心素养培养计划 : 共31册/
课后半小时编辑组编著. -- 北京 : 北京理工大学出版社, 2023.5
　ISBN 978-7-5763-1906-4

　Ⅰ.①课… Ⅱ.①课… Ⅲ.①科学知识—儿童读物
Ⅳ.①Z228.1

　中国版本图书馆CIP数据核字(2022)第233813号

出版发行 / 北京理工大学出版社有限责任公司
社　　　址 / 北京市海淀区中关村南大街5号
邮　　　编 / 100081
电　　　话 / （010）82563891（童书出版中心）
网　　　址 / http://www.bitpress.com.cn
经　　　销 / 全国各地新华书店
印　　　刷 / 雅迪云印（天津）科技有限公司
开　　　本 / 787毫米×1092毫米　1／16
印　　　张 / 83.5
字　　　数 / 2480千字　　　　　　　　　　　　　　责任编辑 / 封　雪
版　　　次 / 2023年5月第1版　2023年5月第1次印刷　文案编辑 / 封　雪
审 图 号 / GS（2020）4919号　　　　　　　　　　责任校对 / 刘亚男
定　　　价 / 898.00元（全31册）　　　　　　　　　责任印制 / 王美丽